AF279616

Wolfgang Wimmer

Ich war nicht anders als die andern

Satirische Gedichte

Bibliografische Information der Deutschen Nationalbibliothek
Die Deutsche Nationalbibliothek verzeichnet diese Publikation
in der Deutschen Nationalbibliografie; detaillierte bibliografische
Daten sind im Internet über http://dnb.d-nb.de abrufbar.

Satz, Umschlagdesign, Herstellung und Verlag:
Books on Demand GmbH, Norderstedt
ISBN 978-3-8334-8834-4

Inhalt

Vorwort

Dieser Gedichtband ist das Pendant zu dem vorhergehenden (Die Erde ist ein entlegenes Land – Philosophische Gedichte). Der recht hohe Ton, der dort angeschlagen wurde, ist hier zurückgenommen und ins Satirische gewendet worden. Aber die Themen sind weitgehend dieselben geblieben.
Wir verbringen einen beträchtlichen Teil unseres Lebens schlafend. Nun kann man der Meinung sein, daß auch der Wachzustand eine Art Schlaf ist, aus dem wir zuweilen gerüttelt werden.
Wenn wir träumen und dann aufwachen, merken wir, daß es nur ein Traum war und nicht Wirklichkeit. So mag es auch ein Erwachen von der Wirklichkeit geben, bei dem wir merken, daß sie Wirklichkeit ist. Die Gedichte beschreiben häufig solche Momente des Aufwachens.
Ich habe persönliche und allgemeine Themen aufgegriffen, die mich in letzter Zeit beschäftigt haben, und sie lose nach Schwerpunkten gegliedert: Erziehung, Wirtschaft, Politik, Atompolitik, Gesellschaft, Metaphysik, Religion.

Ich war nicht anders

Was tat ich doch für einen tiefen Fall
wie kam ich bloß in diesen Schweinestall
wie kam ich bloß in diesen Stall von Schweinen
wo doch die Sterne glänzen und die Sonnen schei-
nen?
Was solls. Ich muß mit ihnen leben
doch mir wird schlecht, ich muß mich übergeben.

Ein Lumpenpack, das sich betrügt
ein Drecksgesindel, welches stiehlt und lügt
zu seinem Vorteil und zu andrer Schaden.
Man schließe doch die Welt wie einen alten Laden.
Mein Gott, ich werd sie nicht vermissen
mir wird es schlecht, sie sollen sich verpissen.

Ihr Speichellecker, Halsabschneider, ihr Arschkrie-
cher
ihr großen und ihr kleinen Viecher
schon im Gesichte halb verblödet
und in der Sprache ganz verödet
nichts achten sie als Geld vermehren
mir wird es schlecht, ich möchte mich entleeren.

Ihr großen Schnauzen, nichts dahinter
mein Gott, das sind nicht deine Kinder
wenn dieses Volk dein Antlitz trägt
dann bist du bei mir abgesägt
wenn dieses deine Kinder sind
möcht ich nicht sein Gottes Kind.

Was ist denn wert an dem Geschmeiß
daß man es Gottes Kinder heiß?
Ich denk, sie haben nichts verstanden
früh kam ihnen der Verstand abhanden.
Das Stelldichein der Welt so wundersam
ist es denn möglich wies verkam?

Ich denk an euch, ihr Händler und ihr Krämer
an euch, ihr Unternommenen und ihr Unternehmer
ihr, die ihr es weit gebracht und ihr zu kurz Gekom-
menen
ihr Mitnehmer und ihr Mitgenommenen
ihr Mustermänner, ihr Halsabschneider
ich traf euch hier im Leben, leider, leider.

Ich denk an euch, ihr Schaffer und Geschafften
an euch, ihr Raffer und Dahingerafften
ihr Traumverkäufer und ihr Träumer
ihr Abgeräumten, ihr Abräumer
Herrgott, das wirst du doch verstehn
der Himmel wärs, sie nicht zu sehn.

Ihr Stützen der Gesellschaft, ihr Bauträger
ihr Balken, schräg und immer schräger
ihr Abgerissenen, ihr Abreißer
ihr Beschissenen und ihr Bescheißer
ihr, ihr so anders und doch meinesgleichen
ich ginge gern, doch werde ich nicht weichen.

Angeber ihr, ihr Maulaufreißer
ihr Schwärzer und ihr Weißer
ihr Mustermänner, Halsabschneider, Raub
die Erd bedecke euch mit ihrem Staub.
Heut wird geprahlt, gelogen und gekropft
doch morgen ist uns alln das Maul mit Erd gestopft.

Bei Gott, ich habe mir geschworn
ich werde nicht noch mal geborn
viel lieber möchte ich vergehn
als diese Menschen noch mal sehn.
Doch deinen Atem möcht ich wieder spüren
und noch einmal ein Ding berühren.

Denn hätt ich nicht getroffen meine Liebe
ich wüßte nicht, was noch zu sagen bliebe
und hätt ich nicht mein gutes, liebes Weib
ich hätte längst beendet diesen Zeitvertreib.
Ich weiß jedoch: Wir werden beide untergehn
und trotzdem wird uns nichts geschehn.

Ich führt dich nicht auf Wegen, leichten, angeneh-
men
wo wir nach schöner Wanderung ans Ende kämen
durch Mühsal gings, nach meiner Planung großen
und lebten schließlich wie die Obdachlosen.
Mein guter Stern, mein Lieb, mein Leben
ich hoffe sehr, du wirst es mir vergeben.

Die gute Frau an meiner Seite
ich lebte ihr zu viel zu Leide
der gute Mensch, der mich begleitet
ich habe ihn nicht gut geleitet.
Mein guter Stern, mein Lieb, mein Leben
ich hoffe sehr, du wirst es mir vergeben.

Wenn ich nur wüßte, was es ist gewesen
der Himmel, Erde, Meer und Dinge schön erlesen
daß ich gewesen bin und du gewesen bist
an einem Ort, der bald schon unauffindbar ist
doch fürcht ich nun wir müssen gehn
und werden davon nichts verstehn.

Ihr meine lieben Zeitgenossen
so schnell ist unsre Zeit verflossen
die wir auf dieser Erde weilten
und uns das sogenannte Leben teilten
ihr Speichellecker, Arschkriecher, Halsabschneider
ihr meine Brüder, leider, leider.

Die wilde Reise durch das Leben endet bald
der Abend naht und mir wird kalt
doch komm ich an den Tag den letzten
und Tränen meine Augen netzten
dann lobe ich in meiner Qual
die schöne Sonne noch einmal.

Ich war nicht anders als die andern
doch seht ihr heiter mich zum Hades wandern
und komm ich an den Styx, den großen
den wasserreichen, beinah uferlosen
dann tauch ich in die Fluten ein
und wasche mich vom Leben rein.

Vorwurf

Wo ich nicht war
litt ich auch keine Not
nicht einmal nichts war
welches mir gedroht.
Warum habt ihr mich entrissen
dem Von-nichts-Wissen?
Warum hab ich leben müssen?

Mein Kind

Mein Kind ist gut und wunderschön und erzge-
scheit
ist einzigartig weit und breit
ihr anderen Eltern, es tut mir leid
es gibt kein bessres, das man find
nun ja, vielleicht das Jesuskind.

Forderung eines aufrechten Bürgers

Was doch die Sozial-Schwachen
uns für Kinder machen.

Dagegen bei den Sozial-Starken
liegts im Argen.

Wir brauchen Kinder von Gebildeten
und nicht von Halbverwildeten.

Altersvorsorge

Liebste,
wir brauchen für die Rentenkasse
eine große Masse
junger, arbeitsfähiger Leute.
Deshalb wollen wir schon heute
nacht und nicht erst morgen
für unser Alter sorgen.

Litanei eines gefrusteten Vaters

Würd es deine Eltern gar nicht geben
wärest du auch nicht am Leben

würden wir dich nicht so lieben
wärst du längst schon abgetrieben

auf dem großen Flusse Styx
und du wärest hinterrücks

ungeborn gekommen gleich
in das große Totenreich.

Oder hätten wir verhütet dich
wäre das nicht schauerlich?

Hättest nicht erblickt der Sonne Licht
mit einem Wort: es gäb dich nicht.

So viel wäre dir entgangen
Sterne, die am Himmel prangen

auf dem Meere große Wellen
Hunde, die des Nachts laut bellen

Bären, Tiger, Elefanten
Opas, Onkels, Omas, Tanten

und die ganzen Anverwandten
nicht zu reden von Bekannten

Weiße, Schwarze und Chinesen
alles wäre nicht gewesen

Juniorchefs, Abteilungsleiter
und so weiter und so weiter.

Haben wir dich nicht großgezogen
mit Muttermilch und Flitzebogen

hattest du nicht mit Dreien schon
Computer-Spiel und Play-Station

gingst du nicht auf gute Schulen
warum mimst du jetzt den Coolen?

Kannst du nicht zum Vorbild nehmen
Albert Schweitzer? Sollst dich schämen.

Schweitzer wurde Urwaldarzt
doch du, mein Sohn, wirst bald verhartzt.

Warum hast du denn statt dessen
an Eminem den Narren gefressen

kommst du etwa aus Detroit?
Wir sind schließlich anständige Leut.

Alles haben wir für dich getan
wir in unserm Elternwahn

und im Falle deines Falles
du verdankst uns schließlich alles.

Siehst du nicht, wie wir uns sorgen
für deine Zukunft, für dein Morgen

deshalb sprich mit uns, mein Sohn
aber nicht in diesem Ton.

Würd es deine Eltern gar nicht geben
wärest du auch nicht am Leben

würden wir dich nicht so lieben
wärst du längst schon abgetrieben …

Nachfolge

Mein Land, ein Land
der Dichter und der Denker
danach der Richter und der Henker
und nun der Händler, Krämer, Banker.

Frage

Die Arbeit von
so großen Männern
wie …
ist tausendmal
mehr wert als die des kleinen Mannes.

Ich frage mich
warum der kleine Mann
überhaupt noch arbeitet
wenn seine Arbeit
so wenig wert ist.

Hängematten

Manche von den Armen, Matten
welche ohne Arbeit wolln nicht aufstehn
sondern bloß in sozialen Hängematten liegen
die sich unter ihren Hintern biegen.

Manche von den Reichen, Satten
welche ohne Arbeit wolln nicht aufstehn
sondern bloß in sozialen Hängematten liegen
die sich unter ihren Hintern biegen.

Der Unterschied ist bloß
die einen hängen in Neukölln herum
und die andern in Davos.

Rede an die Belegschaft

Dank Ihres Einsatzes ist es mir gelungen
und meiner Weitsicht war ich nicht gezwungen
die Arbeitsplätze abzubauen
wir können optimistisch in die Zukunft schauen
was soll da hinten das Gekicher
Ihr Arbeitsplatz ist gar nicht sicher
dank Ihres Einsatzes ist es mir gelungen
und meiner Weitsicht war ich nicht gezwungen
die Arbeitsplätze abzubauen
wir können optimistisch in die Zukunft schauen
Sie können Ihrem Chef vertrauen
wir können aufeinander bauen
die Bilanz sieht günstig aus
ich baute mir das dritte Haus
mit Liegewiese und Swimmingpool
und auch die Enkel findens cool
was soll da hinten das Gekicher
Ihr Arbeitsplatz ist auch nicht sicher
Sie können Ihrem Chef vertrauen
wir können aufeinander bauen
die Bilanz sieht günstig aus.
Von der Belegschaft gabs Applaus.

Herr Ackermann und die Altenpflegerin

Herr Ackermann, Herr Ackermann
man hörts schon seinem Namen an
schafft schwer im Schweiße seines Angesichts
ihr wißt: von Nichts kommt schließlich nichts
damit sich schnell das Geld vermehrt
dafür wird er auch sehr verehrt
es schreit lauthals der Aktionär:
Herr Ackermann, noch mehr, noch mehr
unmenschlich muß er schuften
liegt bald schon in den Gruften.

Die Altenpflegerin, der Name sagts, hingegen
darf unsere lieben Alten pflegen
sie füttert sie wie Muttern einst das Kind
weil sie nun wieder Kinder sind
putzt ihnen dann und wann den Arsch
ist dabei freundlich und nicht barsch
und krümmen sie sich mal vor Schmerzen
kann sie sie trösten und auch herzen
begleitet in den Tod hinein
so menschlich kann die Arbeit sein.

Und darum höret einmal her
verdient Herr Ackermann 1000 mal mehr
als die Altenpflegerin. Und wenn jetzt einer grient
ich sage euch: Er hats verdient
unmenschlich muß er schuften
liegt bald schon in den Gruften.

Die Altenpflegerin hingegen
schiebt Alte wie in Kinderwägen
und schaffet gern für Gottes Lohn
was sind dagegen 10 Million
begleitet in den Tod hinein
so menschlich kann die Arbeit sein.

Es gibt nun mal auf dieser Erde
die christlichen und die Börsen-Werte
die letzten sind hienieden wichtig
der Himmel stellts dann wieder richtig.

Und wenn sich jemand jetzt erfrecht
und schreit:
wie ungerecht, wie ungerecht
aus ihm spricht bloß der Neid.

Unwahrscheinliche Wandlung eines
Eisenkönigs

Er war geboren für Geschäfte
schon in der Schule verlieh er Pornohefte
für einen Tag zum Einkaufspreise
und schickte sie auf ihre Reise
sie machten ihre Runden
auch Lehrer waren unter seinen Kunden.

Die Zeit war damals züchtig und verklemmt
das hat ihn keineswegs gehemmt
er fand im Markte eine Lücke
wie später oft zu seinem Glücke
und verdiente gar nicht wenig
man nannte ihn den kleinen Pornokönig.

Er sah sofort, die Menschen warn nicht gleich
es gab arm und es gab reich
natürlich wollte er den Reichen
und keineswegs den Armen gleichen
und sagte sich: das hier ist meins und das da deins
doch besser wärs, es wäre meins.

Dabei war er sehr selbstverliebt
er glaubte nicht, daß es den andern wirklich gibt
und wenns ihn gab so war er anders und verdäch-
tig
es war besser, man war selber mächtig
und wies ihn in die Schranken
und hatte alles selbst sich zu verdanken.

Erwachsen dann und in der Jahre Lauf
kaufte er eine Firma nach der andern auf
und baute sie ab und auf und um
und gründete ein Firmenkonsortium
wir Reihenhausbesitzer sagen ohne Neid
der Kerl war eben erzgescheit.

Wars Zufall oder nicht, sein Herz
hing ganz besonders sehr am Eisenerz
mit fünfzig besaß er unbenommen
einen beträchtlichen Teil vom Eisenerzweltvorkom-
men
und schuf darum herum
ein riesiges Wirtschaftsimperium.

Er war bisher sehr gut vernetzt
in dieser Welt, im Hier und Jetzt
und die Geschichte könnte enden
doch wolln wir sie noch einmal wenden
der Fortgang ist sehr unwahrscheinlich
und wär vielleicht ihm selber peinlich.

Er hatte eine Firma feindlich übernommen
die Konkurrenten warn noch mal zusammengekom-
men
des andern Schicksal war besiegelt
was sich in seinem Gesichte spiegelt
sie reichten sich zuletzt die Hände
er dachte sich: Mit dem ists auch zu Ende.

Doch als er seine Hand berührte
er einen Schlag im Herzen spürte
zum ersten Mal in seinem Leben sah er ein
wir werden eines Tages nicht mehr sein
es wird uns nicht mehr geben
noch sehn wir lebend uns am Leben.

Der Mensch ist nicht aus Eisen, ist verderblich
und schließlich sind wir alle sterblich
wenn wir es wüßten, würden wir uns wandeln
und demgemäß auch anders handeln
die Einsicht wäre uns gegeben:
wir müssen nicht ums Dasein kämpfen, dürfen mit-
einander leben.

Wir warn so lange nicht geboren, fiel ihm ein
und werden noch länger Tote sein.
aus diesem Grund und nur deswegen
sind Dinge uns und wir uns selbst zugegen
das Leben ist ein Tag nur zwischen langen Nächten
wir täten gut daran, wenn wir daran auch dächten.

Der Saal, in dem er mit dem andern stand
bald unentdeckbar, wie er fand
nur eine Weile ist er uns entdeckt
bis er sich wieder in Nichts versteckt
was für den Saal gilt, gilt für alle Dinge
für Berge, Straßen, Häuser, große und geringe.

Das Land, das offen vor ihm lag
in Nacht liegts bald und nicht am Tag
die Welt, die uns geoffenbart
im tiefsten Dunkel wird sie dann verwahrt
das menschliche Zusammensein
gleicht einem wunderbaren Stelldichein.

Und jeder Ort, wo Menschen sich getroffen
wo sie gekämpft, gehurt und gesoffen
es ist ein Ort so auserlesen
gemeinsam sind wir da gewesen
und er ließ seine Blicke wandern
von sich hinüber zu dem andern.

Zu Hause sagte er zu seiner Frau:
Der Ort, wo wir uns einst begegnet
bald schon verschollen, er sei uns gesegnet
was diese sehr erstaunte
und sie zu einer Freundin raunte:
Der Erwin (so hieß er) scheint mir sehr verwandelt
ich hoffe nicht, daß es sich um eine Krankheit han-
delt.

Er aber sagte sich: Ich muß noch leben vor dem Sterben
und ließ sehr zum Verdrusse seiner Erben
sein Vermögen und es war nicht wenig
ehrfürchtig nannte man ihn „Eisenkönig"
umwandeln in eine Stiftung für die Armen
und übte nun auch sonst Erbarmen.

Wo ist das Volk?

Das Volk ist nicht da
es tut mir leid
ich vertrete es
in seiner Abwesenheit.

Wann es zurückkommt?
Kann ich nicht sagen
Sie können aber
in vier Jahren nachfragen.

Auf, Freunde, laßt uns begraben die alte Zeit
sie ist Vergangenheit
es gibt noch eine andere Wahl
das Leben außer dem Kapital
die Zukunft ist weit und offen
wir haben noch etwas zu hoffen.

Und worauf sind wir getroffen?

Wir trafen wieder aufs Kapital
und es war stärker als dazumal
und auf die Herren Kleinfeld u. Co
und auf den feinen Herrn Hartz sowieso
und auf die große Gier und das große Fressen
und nach dem Abendessen
auf den Herrn Jauch: Wer wird Millionär?

Ach, Freunde, hört einmal her
es tut mir leid
sie war nicht so schlecht die alte Zeit.

Gesellschaftsaufriß

Ganz unten sind wir bei dem Volke
doch ist es formlos wie ne Wolke.

Es wär schon gar nicht mehr vorhanden
gäb es nicht seine Repräsentanten.

Sie bilden die politische Klasse
über der amorphen Masse.

Über Christdemokrat und Genosse
stehn nur noch die Wirtschaftsbosse.

Nur der Herrgott steht darüber
und er schweiget dazu lieber.

Diagnose

Der Volksvertreter klagt vor Gericht
denn es gefällt ihm nicht
daß im Mittelpunkt der Tätigkeit
diese Vorschrift geht ihm zu weit
eines Abgeordneten stehen muß
und macht ihm Verdruß
die Ausübung seines Mandats
es handele sich um die Einmischung des Staats
in das Recht der freien Berufsausübung.

Ein klarer Fall von Geistestrübung.

Das Volk

Man sieht es hetzen auf den Straßen
und auf den Autobahnen rasen
bei Lidl und Aldi einkaufen
und in den Bierlokalen saufen.

Ein Teil des Volks ist magersüchtig
der größere Teil ißt viel zu tüchtig
und kämpft danach mit seinen Pfunden
nur wenige laufen ein paar Runden.

Am Wochenend sieht man das Volk die Stadien fül-
len
und hört weithin es furchtbar brüllen
und untergründig hört mans grollen:
die da oben machen ja doch was sie wollen.

Viel Volk ist in den Ferien außer Lande
und liegt ums Meer herum am Strande
ein Teil, der muß zu Hause bleiben
und tut sich dort die Zeit vertreiben.

Ein kleiner Teil muß Kohldampf schieben
die andern schreiben ihren Lieben
wie schön es sei doch außer Land
und haben dabei Sonnenbrand.

Das Volk, das sind sehr viele Leute
die leben, man weiß nicht weshalb, hier und heute
auf dem Lande und in der Stadt
die einen sind grad hungrig und die andern satt.

Sie arbeiten in Fabriken und Büros
es sei denn, sie sind arbeitslos
und leben von der Stütze
und sind zu nichts mehr nütze.

Sehr viele wollen ihre Arbeit geben
sie betteln drum als seis ihr Leben
doch will die Arbeit niemand nehmen
worüber sie sich furchtbar schämen.

Die einen verdienen sich dumm und dämlich
das sind die Leistungsträger nämlich
viel weniger verdienen die meisten
weil sie auch viel, viel weniger leisten.

Und weil sie auch viel weniger tragen
dürfen sie sich nicht beklagen
der eine ist eben dieses und der andere das
der Regen macht sie alle naß.

Das Volk ist in sich sehr gespalten
es gibt die Jungen und die Alten
die einen noch am Anfang stehen
die andern müssen eben gehen.

Es gibt die Geraden und die Krummen
die Lauthalsschreier und die Stummen
es gibt Wahrhaftige und Verlogene
Einheimische und Zugezogene.

Es gibt die Herren und die Damen
und andere, die herunterkamen
es gibt Wohnsilos und es gibt Paläste
die einen essen Kaviar, die andern Reste.

Es gibt die Männer und die Frauen
die lassen sich zuweilen trauen
und früher oder später kommt ein Kind
worüber sie meist glücklich sind.

Am Feierabend zuweilen dann
sieht man zusammen Frau und Mann
die Männer gerne Würstchen grillen
die Frauen manchmal Babys stillen.

Es gibt Langlebige und solche, die früh sterben
es gibt Habenichtse und es gibt Erben
der eine ist eben dies, der andere das
und schließlich wächst darüber Gras.

Gegensätzliche Meinung über die Demokratie

Heute ist der Geburtstag der Demokratie
das Volk geht wählen wie noch nie
am Abend haben alle ihre Stimmen abgegeben
wie gut, daß wir demokratisch leben
das Volk, das hat bei uns das Sagen
man darf sich wirklich nicht beklagen.

Heut ist der Todestag der Demokratie
das Volk geht wählen wie noch nie
am Abend haben alle ihre Stimmen abgegeben
nun muß es ohne Stimme leben
in den Urnen liegen sie begraben
weil sie sie abgegeben haben.

Vorschlag zur Güte
man führe ihn sich zu Gemüte.
Wir wohnen nicht gerade auf dem Gipfel
der Demokratie, doch wir haben einen Zipfel.

Das Dorf

Fliegt man nach Westen, Süden, Osten oder Norden
kann man in nur wenigen Stunden
den Erdball ohne weiteres umrunden
das heißt, er ist ein Dorf geworden.

Im Dorfe gibt es Leute, welche sich verstehen
und andere, die sich aus dem Wege gehn
und solche schließlich, die sind schon
verfeindet seit mehr als einer Generation.

So wie eine Regierung hat jedes Land
so jedes Haus im Dorf den Hausvorstand
und diese Hausregenten sprachen: Leider müssen wir
uns schützen
vor bösen Nachbarn, welche unsere Schwäche nüt-
zen.

Wir brauchen immer neue Waffen
denn Frieden kann man dann nur schaffen
wenn man dem Nachbarn mit dem Tode droht
sonst ist man sehr rasch selber tot.

Der Nachbar nämlich, der ist schlecht
wir selber aber sind gerecht
man sieht: Das Dorf bestand aus Schlechten
und ebenso vielen Selbstgerechten.

Der eine hat den andern waffenmäßig überboten
wir leben schließlich im Dorfe der Idioten
und einige hatten endlich Waffen
mit denen konnte man das ganze Dorf abschaffen.

Sie warn vereint im Schützendorfverein
man brauchte dafür einen Waffenschein
den anderen war der Zutritt streng verboten
ansonsten ihnen Sanktionen drohten.

Im Dorf gabs nun die Waffenreichen
die blieben meistens unter ihresgleichen
und dann gab es die Waffenarmen
die hatten mit sich selbst Erbarmen.

Doch klammheimlich, still und leise
und jedermann auf seine Weise
kamen auch sie zu neuen Waffen
man konnte sie kaufen, stehlen oder sonst anschaf-
fen.

Es gab sogar jetzt Jugendbanden
die ihre Waffen auf dem Abfall fanden
und bald darauf, nur ein paar Jahre später
besaß die Dorfvernichtungswaffen jeder.

Nun ist das eine sehr verläßlich:
Der Mensch ist überaus vergeßlich
so kam es, daß man bald empfand
den Zustand als Normalzustand

und man hielt ihn schließlich endlich
für gut und auch für selbstverständlich
und man kam überein:
Nur so kann wirklich Friede sein.

Den Frieden kann man nur aufbauen
auf gegenseitigem Mißtrauen
am besten wars, es drohte der Garaus
jedem Haus aus jedem Haus.

Der Friede hielt jetzt schon drei Jahre
und man zog daraus den Schluß
daß er ewig halten muß
(so uns Gott bewahre).

In Wahrheit saß das Dorf auf einem Pulverfasse
von wegen der ungeheuren Waffenmasse
man saß auf dem Vulkane jetzt
auf welchen man sich selbst gesetzt.

So sprach ein Hausvorstand in seinem Lebensüber-
druß:
Es ist nicht wahr, daß ich alles hier lassen muß
ich kann das ganze Dorf mitnehmen
die Angst müßte sie alle lähmen.

Ein anderer sprach: Ich bin so tüchtig
der Nachbar aber ist unzüchtig
ich bring ihn um, muß ich auch selber sterben
ich werde mir das Himmelreich erwerben.

Ein Dritter sah die Nachbarkinder spielen
und sie mit Waffen auf ihn zielen
und schrie: Gleich ists um euch geschehen
und sei es leider aus Versehen.

Doch dann begab sich nie Geschehenes
ein Ungeheures, nie Gesehenes
vielleicht der Wendepunkt der Dorfgeschichte
als ob die Nacht sich zu dem Tage lichte.

Am hellen Tag zur Mittagsstunde
verbreitete sich im Dorf die Kunde
der reichste, stärkste Bauer läßt seine Waffen
alle auf den Marktplatz schaffen.

Und auf dem Marktplatz bildeten sich Horden
die schrien: Der Bauer ist verrückt geworden
nun kann ihn jedermann ermorden
man gebe ihm den Narrenorden.

Er aber sprach: Ich bin zu dem Entschluß gekom-
men
wir haben den falschen Weg genommen
und daher müssen wir umkehren
nicht gegeneinander, gegen Waffen müssen wir uns
wehren.

Wahrhaftig, Umkehr ist Gebot
wir leben in der allergrößten Not
die Waffen werden niemand nützen
wir müssen uns dagegen schützen.

Nicht wir allein bedrohn uns, uns bedrohn die Waf-
fen
wir müssen sie, sonst werden sie uns abschaffen
die Ruhe des Friedens hienieden
sie gleicht bereits dem ewigen Friedhofsruhefrie-
den.

Wer auf der Höhe seiner Macht verzichtet
und seine Waffen öffentlich vernichtet
der ist nicht schwach, er wird sich als der Stärkste
zeigen.
Und auf dem Platz entstand ein großes Schweigen.

Strahlenschatz

In den tiefsten Bodensatz
vergraben wir den Strahlenschatz
kein Gedächtnis wird bewahren
diesen Ort nach Tausenden von Jahren.

Wenn wir Heutigen längst verschollen
die in grauer Nachzeit an uns denken sollen
wir hinterlassen ihnen ein Vermächtnis
zu unserem unauslöschlichen Gedächtnis.

Ihr werdet nach den Urhebern suchen
und ihr werdet uns verfluchen.

Katastrophenschutz 1

Weil uns Kernkraftwerke nützen
muß man sie vor Terroristen schützen.

Man muß wissen in der Tat
was geschieht, wenn einer naht.

Ist ein solcher im Anfluge
kommt der Katastrophenschutz zum Zuge.

Er läßt das Kernkraftwerk vernebeln
von Gendarmen und Feldwebeln.

Der Terrorist, nun selbst vernebelt
sieht seine Pläne ausgehebelt.

Er verliert die Orientierung
wegen einseitiger Fixierung

und zerschellt an einem Berg
anstatt in dem Atomkraftwerk.

Spätestens nach ein paar Stunden
wird von einem Bauern er gefunden

und er wird, sofern er noch am Leben
den Behörden übergeben.

Ansonsten droht ihm ein Begräbnis
nach diesem furchtbaren Erlebnis.

Katastrophenschutz 2

Das Land, es breitet sich erhaben
zwischen Bergen über dem Rheingraben

mit Städten, Dörfern und viel Grün
im Hintergrund die Alpen glühn.

Er sieht das Matterhorn in der Ferne
auf seiner Spitze säße er jetzt gerne

und rechts und links den Schwarzwald und Vogesen
auch dort wär er jetzt gern gewesen.

Gott hat die Welt so schön geschaffen
doch nicht für Ungläubige und ihre Pfaffen.

Er sucht vergeblich jetzt sein Ziel
am Kaiserstuhl beim Dörfchen Whyl.

Im Süden sieht er nun ein Nebelwölkchen
über dem Ländchen und dem Völkchen.

Er macht sich daraus einen Reim
und dreht ab nach Fessenheim

und stürzt hinab in den Rheingraben
dort liegt er jämmerlich begraben.

Ein wenig später dann man sah
die Wolke von Hiroshima.

Wyhl. Durch den Widerstand der Bevölkerung wurde dort der
Bau eines KKW verhindert.

Fessenheim. KKW auf der französischen Seite des Rheins.

Liebe

Noch immer sagt er zu mir „Rose"
doch als ich eine war, ich weiß nicht mehr
wars eben oder lange her
auf jeden Fall, ich hatte nicht Arthrose.

Und auch mein lieber Mann
von dem ich immer noch entzückt
er läuft nun langsam und gebückt
man sieht ihm deutlich jetzt das Alter an.

Ich frage mich, was ist von uns geblieben
das eine jedenfalls, daß wir uns lieben
uns auf der Straße plötzlich küssen und umarmen
noch spüren wir unsere Leiber, unsere warmen.

Und viele Junge bleiben stehn
um dieses Schauspiel anzusehn
und manche blicken ganz empört
als ob sich dieses nicht gehört

als sei die Zärtlichkeit für die bald Toten
zumindestens öffentlich verboten.
Ich sage dann: Hört auf zu gaffen
jung müßte man sein, ihr alten Affen.

Allgegenwart

Wann immer ich auch Fernseh seh
begegnet mir Johannes B.
und grinsend tritt er in das Zimmer
von mir dem armen Wolfgang W.

Will ich Johannes B. ausweichen
dann treff ich gleich auf seinesgleichen
und mir begegnet der Herr J.
der grinst genau so, o mein Gott.

Warum könnt ihr uns nicht verschonen?
Warum müßt ihr denn bei uns wohnen?
Warum besetzt ihr unser Haus?
sprach meine Frau und schrie dann: Raus.

Was haben wir denn bloß getan, daß die beiden
uns lebenslänglich fast begleiten?
Und kürzlich ist mir dies geschehn
ich mußte sie leibhaftig sehn.

Nichts ahnend wartend stand ich da
doch als ich einmal um mich sah
bemerkte ich, nichts lag mir ferner
den Herrn Jauch und den Herrn Kerner.

Ich traf sie auf dem Äroport
ich wollte doch nur eins, ich wollte fort
doch blieb ich stehen wie erstarrt
ich glaub jetzt auch an Gottes Allgegenwart.

Der Bildzeitungsleser und seine Entwöhnung

Jeden Morgen, wenn ich geh
in mein geliebtes Stehcafé
und die Bildzeitung dort seh
greif ich nach ihr unbenommen
so weit ist es schon gekommen
und bei Kaffee und bei Kuchen
möcht ich selber mich verfluchen.

Ich nehm teil an anderer Leben
hab mein eignes aufgegeben
lebe fortan weltvergessen
bin auf Klatsch und Tratsch versessen
unterliege schlimmen Zwängen
in Gehirn – und in Gedankengängen.

Ich begegne Heino mit ner Schlagerschnulze
mit verbeultem Kopf Herrn Axel Schulze
und mich rempelt Oli Kahn
dabei hab ich nichts getan
an der Ecke dort mir droht
Verona Feldbusch, jetzt Frau Poth.

Der Teufel soll sie alle holen
doch da kommt schon Dieter Bohlen
dann treffe ich auf Boris Becker
Mann, geht der mir auf den Wecker
ich kenn alle seine Kinder, seine Fraun
diesem Kerl ist nicht zu traun.

Einst bin ich mit ihm gewesen
als Besucher auserlesen
in der berühmten Besenkammer
Jammer, Jammer, Jammer, Jammer.
(Für Nichteingeweihte) Er zeugte dort ein Kind
damit es ihrer viele sind.

Auch von Bild kenn ich den nackten Busen
von Frau Helga Sowieso aus Leverkusen
und am liebsten würd ich schlafen
mit Playmate Erika aus Wilhelmshaven
ich würd so gern auf ihrem Lager weilen
doch muß ich es mit allen Lesern teilen.

Wo einst blühte Gedankenfülle
wat ich jetzt durch Müll und Gülle
und wahrhaftig wie mir deucht
ist mein Kopf schon ganz verseucht
ich bin einer von Millionen Psychiatrieinsassen
und ich muß mich selber hassen
doch ich kanns und kanns nicht lassen.

Um das Stehcafé mach ich jetzt einen großen Bo-
gen
denn ich werde umerzogen
eine Psychologin habe ich gefunden
die gibt wöchentlich mir Stunden.

Sie mir gegenüber als die strenge Leitung
links der Kaffee und der Kuchen, rechts die Zei-
tung
doch ich darf nicht danach greifen
lasse die Gedanken schweifen

bis zu jenem Augenblick
meine Hand kennt kein Zurück
und ich folge dem Reflexe
unterliege dem Komplexe.

Und sie schüttelt bloß den Kopf
und sie sagt: Sie armer Tropf
Sie sind ja wie Pawlows Hund
was Sie tun ist nicht gesund.

Doch heute ist es mir gelungen
und ich hab mich selbst bezwungen
ich hab nicht danach gegriffen
eine Stunde lang hab ich es mir verkniffen.

Als Belohnung unter ihrer Leitung
links der Kaffee und der Kuchen, rechts die Zei-
tung
durfte ich es selber mir aussuchen
die Zeitung nahm ich, nicht den Kaffee und den Ku-
chen.

Lektoren

A: Wir sind für die Kultur geboren
        wir sind Lektorinnen und Lektoren
        wir haben ausgezeichnete Geschmackssen-
        soren
        und halten offen Auge, Nase, Mund und
        Ohren.
B: Der Weg zum Hause der Kultur
        führt über uns Lektoren nur
        entschlossen stehen wir davor
        als Wächter vor dem Eingangstor.
A: Wir sind dort sehr gut aufgestellt
        wir leben in der Bücherwelt
        und daher meist aus zweiter Hand
        wir haben literarischen Verstand.
B: Wir graben nach verborgnen Schätzen
        doch schielen wir auch nach Umsätzen
        wir spüren sehr genau was trendet
        und wenn der Wind sich wieder wendet.

A: Man muß dem Publikum entgegenkommen
       dann wird es von uns mitgenommen
       und auf die Höhen hinaufgeführt
       von denen es in die Ebenen stiert.
B: Hier ist ein Machwerk erster Klasse
       doch klingelt laut es in der Kasse
       man muß das Publikum nicht verschonen
       mit Titeln wie: Als Frau alleine unter den
       Mormonen.
A: Die Frau ist eine Eintagsfliege
       und außerdem eine dumme Ziege
       doch gleichzeitig ist sie gescheit
       die Eintagsfliege lebt auf der Höhe ihrer
       Zeit.
B: Großartig, wie dieser hier die Zeitumstände
       kritisiert
       doch die Figuren nicht denunziert
       wie er den Plot dann inszeniert
       und alles drumherum gruppiert.

A: Doch leider schreibt er autorial
       das heißt wie anno dazumal
       das ist schon mal modern gewesen
       doch heute kann mans nicht mehr lesen.
B: Wie dieser hier die Perspektiven wechselt
       und an seinen Sätzen drechselt
       er setzt wahrhaftig sich zum Ziel
       ein exzellentes Puzzlespiel.
A: Ich gebe zu, der Text ist sehr artistisch
       und stellenweise sogar mystisch
       doch leider auch sexistisch
       um nicht zu sagen: antifeministisch.
B: Was ist denn das? Einer von den wenigen
       Autoren aus dem Dorfe Teningen
       was treibt denn diesen Menschen um
       ich glaub, der ist ein Unikum.

A: Man soll die Provinz nicht so verachten
      man kann dort sehr gut übernachten
      auch wollen wir nicht vergessen
      zuweilen kann man dort gut essen.
B: Er scheint mir nach dem Sein versessen
      wie dieser Denker aus Kirchmessen
      doch die Vergessenheit des Seins kann man
      vergessen
      das sagte mir Cheflektor Heinz bei einem
      Arbeitsessen.
A: Die Tradition kommt auch noch vor
      man singt dort noch im Kirchenchor
      ich lebte auf dem Lande gerne
      doch leider leb ich in der Postmoderne.
B: Gewiß, gewiß, die Postmoderne
      straft uns mit Sinn- und Sinnesferne
      doch glaube ich, man kann schon sagen
      wir leben bereits in postpostmodernen
      Tagen.

A: Du meinst, wir hätten die Postmoderne überwunden
      und die Moderne neu erfunden?
      Ich spüre einen neuen Sinne
      vielleicht sind wir schon mittendrin.
B: Von den Lektoren vor dem Hause der Kultur
      schreibt er, taugen viele nur
      als Billetabreißer und Platzanweiser
      Platzanweiser und Billetabreißer.
A: Aus diesem Menschen spricht der pure Neid
      er ist nicht up to date zu unsrer Zeit
      und wär zu einer anderen auch nicht up to date
      er käme immer viel zu spät.
B: Nein! Wieviel Wahrheit spricht aus diesen Zeilen
      laß uns bei ihnen noch verweilen
      laß diese Zeilen nicht in den Papierkorb wandern
      er meint nicht uns, er meint die andern.

Eine Frau zwischen Schöpfer und
Modeschöpfer

F: Ich finde, meine Nase ist zu lang geraten.
M: Das kann beim Riechen doch nicht schaden.
F: Und viel zu dick sind meine Wangen.
M: Ich seh, daß sie wie Pfirsich prangen.
F: Zu breit sind außerdem die Lippen.
M: Am liebsten würde man dran nippen.
F: Mein Brustumfang ist unbescheiden.
M: Du weißt, ich liebe Oberweiten.
F: Ich habe einen Bauchansatz.
M: Das macht doch nichts, mein lieber Schatz.
F: Mein Hinterteil ist auch zu mächtig.
M: Ich find es ausgesprochen prächtig.
F: Zu fest sind meine Beine, die mich tragen.
M: Das ist doch gut in allen Lebenslagen.
F: Ich kann doch niemandem gefallen.

M: Ach, viel zu vielen, doch nicht allen.
F: Ich werde radikal abnehmen.
M: Du solltest dich nicht weiter grämen.
F: Die Last wird heute einem abgenommen.
M: So weit laß ichs nicht kommen.
F: Der Überfluß wird einfach abgesaugt.
M: Wer weiß, ob die Methode taugt.
F: Ich kann mich einfach nicht mehr leiden.
M: Wenn du das tust, laß ich mich scheiden.
F: Zehn Kilo laß ich mir abnehmen.
M: Für den Gedanken solltest du dich
schämen.
Doch laß die Pfunde, die dir abgenommen
den Ärmsten wenigstens zu Gute kommen
und schicke sie mit den Ärzten sans
frontière
nach Afrika, weil es das Beste wäre
nach Sahel oder auch in andre Zonen
wo die Abgedürrten und die Mageren
wohnen
in einem Hungerkind wirst du dann neu
geboren

nach dem Energieerhaltungssatz geht nichts
verloren
doch lassen sich die Pfunde niemandem an-
messen
kann man sie auch verkochen und dann
essen.

F: Mein Gott, wie bist du widerlich und
      gräßlich.
M: Und du bist schön und gar nicht häßlich.
F: Was wird der Modeschöpfer sagen
      ich würd so gerne seine Kleider tragen
      das Beste ist, ich frag ihn höchstpersönlich.
M: Dann werd ich wirklich unversöhnlich.
      Du solltest auf mein Urteil bauen
      der Kerl, der liebt doch nicht die Frauen
      mach dich doch nicht zum Bilde von nem
      Affen
      sei froh, wie dich der Gott geschaffen.

Die zwei Schwestern

Ich erwachte von einer schweren Operation
und wähnte mich im Himmel schon
denn mir erschien ein Wesen ganz in Weiß
ich sprach zu ihm nur zögerlich und leis:
Ich leb, mein Engel, gebt mir einen Kuß.
Er antwortete: Ich wüßte nicht, daß ich das muß.
Wo käm ich hin, wenn ich erfüllen müßte
von jedem Kranken die Gelüste.
In meiner Schwesterndienstvorschrift steht nicht ge-
schrieben
man müßte die Patienten lieben.
Da erst kam mir in den Sinn
ich war auf Erden. Immerhin.

Ich schwebte zwischen stirb und werde
kam doch zurück auf diese Erde
ich schlug die Augen auf und dankbar nieder
sieh an, das Leben hat mich wieder.
Die Schwester kam. „Gebt mir einen Kuß."
Sie tats, obwohl sie es nach Dienstvorschrift nicht
muß.
Ich sah sie an und fühlte gleich:
Die Erde ist ein Stück vom Himmelreich.

Prostata

Wir sprachen über meine Prostata
sie sah nicht mehr so aus wie sie einst sah
wir sprachen über dies und das
auch über andre Prostatas.

Ich hörte mir viele Geschichten an
unter anderem auch von einem Mann
bei dem die Therapie nicht mehr gelohnt
er hat gleich nebenan gewohnt.

Ein Freund, er saß mir gegenüber,
sagte: Wir gehen alle mal hinüber.
Ein anderer zu meiner Rechten macht mir Mut
und meinte: Es wird schon wieder gut.

Zu meiner Linken saß ein ganz Gescheiter
der sagte: Das Leben geht weiter.
Ich dachte: Wenn es auch weitergeht
was hilfts, wenns bei mir stille steht.

Am Nebentisch bemerkt ich eine Frau
von wunderbarem Körperbau
und als ich ihren Busen sah
vergaß ich meine Prostata.

Mein Blick war magisch angezogen
von seiner Wölbung schönem Bogen
mit meinem Trinkglas hab ich mich erhoben
und betrachtete ihn von oben.

Ewigkeit

Die beiden Ewigkeiten an den dunklen Rändern
wollen wir nicht sehen, sondern es verändern
und das Leben weit und breit
erscheint uns nun wie eine Ewigkeit.

Der Weltverbesserer

Ich las: Verlasse diesen Ort
so wie du wünschst ihn vorzufinden
ich dachte mir: Das ist ein Wort
und wollte heimlich schon verschwinden.

Doch eine innre Stimme rief:
Du kannst nicht einfach weichen.
Es war der kategorische Imperativ:
Setz hier und jetzt ein Zeichen.

Und also fing ich an zu putzen
und war am End ganz mitgenommen
ich tats zu derer Fromm und Nutzen
welche nach mir kommen.

Seinsvergessenheit

Er führte ein bequemes Leben
war von Hab und Gut umgeben
und lebte fast im Überfluß
trotzdem mit sehr viel Selbstverdruß.

Gleichgültig verbrachte er die Zeit
in allergrößter Seinsvergessenheit
doch es ergriff ihn eine Offenbarung
inmitten der Besitzstandswahrung.

Der Erdboden, auf dem er stand
war plötzlich ihm ein fernes Land
die Gegenstände, die ihm sonst vertraut
haben fremd ihn angeschaut.

Die Menschen, Dinge, die er um sich sah
wieso bloß waren sie denn da?
Und er rief noch ganz verstört:
Unerhört, unerhört.

Plötzliche Wendung

Auf dieser Straße hier war ich vor langer Zeit
ich weiß es noch genau, es hatte grad geschneit
ich kam mit meinem Wagen von der Fahrbahn ab
und landete im Graben, nicht im Grab.
Ich hatte Schaden nur am Blech
und großes Glück in meinem Pech.

Vor vielen Tagen, ich erinnere mich genau
stand hier an dieser Stelle winkend eine Frau
ich hielt gleich an, sie sah mir ins Gesicht
und sagte: Mit Ihnen fahr ich nicht.
Ihr Urteil hat mich sehr geniert
ich tröstete mich: Ich war nur schlecht rasiert.

Das alles zweifellos ist hier gewesen
doch kann man es auch anders lesen
und gleich bekommt es einen neuen Sinn:
Ich war nicht hier, war unterwegs hierhin
war auf dem Weg zu einem Tag, der heute ist
so vieles man erinnert und vergißt.

Die Straße, wo all das geschah
sie ist schon lange nicht mehr da
und diese nun erhellt vom Morgenlicht
sie war so wie der Tag noch nicht.

Die Straße weit da vorn und weit da hinten
ich sehe sie erscheinen und verschwinden
der Weg, auf dem ich hergekommen
er wurde mir gleich weggenommen

und der noch vor mir auf der Reise durch das Le-
ben
es gibt ihn nicht, er wird sich erst begeben.

Der Nomade

Aus meinem Fenster konnt ich sehen
die Tage, wie sie kommen und gehen
sie zogen über mich hinweg
mein Haus blieb stets am selben Fleck.

Ich hatte eine feste Bleibe
bei alle diesem Zeitvertreibe
und auch der Himmel über meinem Haus
sah sicher und beständig aus.

Wie eine Riesenkuppel wölbte er sich
so daß er einer guten Festung glich
und blieb in des Zeitstroms Schnelle
doch immer an der selben Stelle.

Doch eines Tages habe ich gesehen
ich mußte mit den Tagen kommen und gehen
und wie in meinem Leben häufig
schwamm ich nicht mit, war gegenläufig.

Bin unterwegs ans andere End des Lebens
ich wollte umkehren, doch es war vergebens
in welche Richtung ich auch immer geh
ich nähere mich den letzten Dingen, die ich seh

und geh auf unbegangenen Wegen
zu ihnen, die am weitesten entlegen.
Am Ende hinterlaß ich keine Spur
ich war nicht seßhaft, ein Nomade nur.

Der Fleck

Wo ich gehe, stehe oder sitze
sei es in der Kälte oder Hitze
möchte ich die Augen senken
wie zu frommem Angedenken
daß ich wieder einmal sehe
wo ich sitze, stehe oder gehe.

Und ich seh ein Fleckchen Erde unter mir
und ich denke dann: noch ist es hier
doch wie lange noch und es ist weg
mehr noch als ein Butterfleck
in einem wieder blütenweißen Hemd
und die Welt wird mir ein wenig fremd.

Den Fleck Erde, den ich sah
wie gesagt: Noch ist er da.
Möcht Sie bitten, dies zu bedenken
und ein wenig Aufmerksamkeit zu schenken
dieser seltsamen Erscheinung.
Was ist dazu Ihre Meinung?

Rätsel

Wenn er ist
bin ich nicht
wenn ich bin
ist er nicht
er ist ein anderer als ich
und doch bin ich es selbst.

Er ist dort, wohin ich gehe
und ich gehe dorthin, wo er ist
aber wenn er schon dort wäre
könnte ich nicht hingehen
und wenn er nicht schon dort wäre
wüßte ich nicht, wohin ich ginge.

Er ist am weitesten von mir entfernt
und doch mir näher als der allernächste
auf Umwegen erreiche ich ihn
auf dem kürzesten Weg
je mehr ich mich nähere
desto ähnlicher wird er mir.

Der Ausflug

Von meinem Garten sah ich Sterne
und dachte mir dahinter eine Ferne
den Raum gewaltig ausgebreitet
die Zeit unglaublich ausgeweitet
die Welt war nicht mehr zu ermessen.
Ich hatte es total vergessen.

Mein Garten war ein winziger Fleck
bedeutungslos wie Fliegendreck
ich ausgesetzt, warum grad hier und heute?
Was sind wir doch für arme Leute.
Der Mensch in seiner Wichtigkeit
war plötzlich eine Nichtigkeit.

Ich fand: Nichts gibt es, was mich draußen hält.
Ich wollte heim, in meine Lebenswelt
ich dachte an die Erde wieder
und schwebte langsam zu ihr nieder
bis ich mich endlich niederließ
in meinem Garten. Er lag im Paradies.

Und ich vergaß die fernen Weiten
und lebte sehr begrenzt und sehr bescheiden
und war nicht mehr vom All umgeben
dafür jedoch allseits vom Leben
von Bäumen, Gärten, Häusern, Straßen
und in der Ferne hörte ich die Autos rasen.

Friedlich reihn sich meine Tage
bedächtig, still, doch ohne Frage
eines Nachts, da muß ich wieder starten
zu den Sternen über meinem Garten.

Vergebliches Stelldichein

Ich sah sie um die Ecke kommen
und war von ihr gleich eingenommen
man konnte sie nicht übersehn
mit einem Wort: Sie war sehr schön.

So kamen Schritt für Schritt wir uns entgegen
ich sah uns schon auf selben Wegen
und auf der einen Höhe dann
sah ich sie freundlich lächelnd an.

Sie dachte wohl: der alte Mann
was guckt er mich so komisch an?
Und ging vorüber ganz geschwind
und schnitt mich wie ein kalter Wind.

Ich dacht: Nie wieder werden wir uns sehn
und auch der Ort hier wird vergehn
was hätte werden können sein
ein wunderbares Stelldichein.

Wer wird es jemals denn verstehn
daß wir uns beide hier gesehn
daß ich gewesen bin und du gewesen bist
an einem Ort, der bald verschollen ist?

Zehn Schritte später dacht ich weiter
und war schon etwas mehr gescheiter:
Die junge Frau ist einfach doof
nie wieder begegnet ihr ein Philosoph.

Der Mystiker

An einem Sommertag lag er auf einer grünen
Wiese
und neben ihm lag seine Frau, die Anneliese
und beide sahn den Himmel über sich
der einer blauen Nacht noch ohne Sterne glich.

Er wußte nicht, wie ihm geschah
als er so in den Himmel sah.
Auf einmal sah er ihn weit unter sich
der Himmel einem tiefen Brunnen glich.

Er wäre zweifellos hineingeflogen
hätt ihn die Schwerkraft nicht gehalten und gezo-
gen.

Dann wurd er von Gedanken leer
als ob er selbst der Himmel ohne Wolken wär.
Er dachte nichts, nicht dies und das und er vergaß
sogar
daß er der Mann von Anneliese war.

Er dachte nicht, was war, was war gewesen, würde
sein
er glaubte schon, er schliefe ein
doch wundersamer Weise wurd ihm klar
das Eine: Etwas war.

So wach wie nie vergaß er Raum und Zeit
für einen Augenblick, für eine Ewigkeit.

Dann unversehens kehrte er zurück
zur Erde und zu seinem Eheglück
und dachte bloß: Ich war weit weg
und rührte mich doch nicht vom Fleck.

Er lag an einem Sommertag auf einer grünen Wiese
und neben ihm lag seine Frau, die Anneliese
und beide sahn den Himmel über sich
der einer blauen Nacht noch ohne Sterne glich.

Der Skeptiker

Eine Sackgasse ist das Leben
sprach er heiter
irgendwo geht es nicht weiter
so ist es eben.

Zwar spricht der Herr Jesus Christ
daß sie zum Himmel offen ist
doch nutzt es einem?
Ich glaube keinem.

Zwei Ansichten

Jung war ich eben
wurd verschlagen durch das Leben
in des Alters Land
lebe dort im Ruhestand
gehe jetzt allein zu Bette
nächster Ort: die Ruhestätte.

Jung war ich eben
wurd geführt durch das Leben
in des Alters Land
lebe jetzt im Ruhestand
komme noch allein zu Streich
hoffe auf das Himmelreich.

Wohnsitzänderung

Ich las in einem Nachruf, schwarz umrändert
seinen Wohnsitz hat ein Mensch verändert
und zwar Herr Katermüller aus Furtwangen
ist von uns und zum Herrn gegangen
und wohnet jetzt im Himmelreich
womöglich neben diesem gleich.

Auf Erden nannte er ein Reihenhäuschen sein
war zweiter Vorsitzender im Turnverein
war Vater von drei Kindern und geschieden
nicht alles glückt uns eben hienieden
im Landratsamt war er Inspektor
und sehr erfolgreich auf dem Sektor

der Sozialmißbrauchsbekämpfung
und damit auch der Kostendämpfung.
Er hat das Leben nicht allein verwaltet
sondern tatkräftig mitgestaltet
ob seines Fleißes nahm er drei Karrierestufen
doch sehn wir nun: Er war zu Höherem berufen.

Der hoffnungsfrohe Pensionär

Als lebenslanger Arbeit Lohn
bekam er eine Staatspension
und er dachte: eh sie mich begraben
will ich was vom Leben haben
eh ich muß von hinnen gehn
will ich noch die Erde sehn
was ich seh und was ich sah
kommt in meine Kamera.

Eben noch bei Aldi und bei Lidl
knipst er jetzt bei Castro Fidel
kurz danach gleich hinter Kuba
ist er bei der Königin von Nuba
sitzt dann auf der großen Mauer
doch auch das ist nicht von Dauer
steht auf einem Wolkenkratzer in Shanghai
und sagt laut: o wei o wei.

Neben ihm ein Mann aus Sachsen
sagt, daß Bäume auch nicht in den Himmel wach-
sen
dreht sich dann zum Meer und zur Sonne hin
und sagt laut: Jetzt titscht se nin
und auch er ist ganz verzückt
hat schon mehrmals abgedrückt
auch der Sonnenuntergang ist nun im Kasten
denn man darf nicht ruhen und rasten.

Eben noch bei einer Schüssel Reis
stapft er jetzt durch Grönlands Eis
kurz danach in Krügers Park
liegt er jetzt in einem Sarg
und drapiert ist seine sterblich Hülle
von der ganzen Bilderfülle.
Hoffen wir auf eine letzte Fahrt.
5, 4, 3, 2, 1, 0 und Start.

Er macht droben jetzt Karriere
und er darf zu seiner Ehre
vor den himmlischen Gestalten
einen Lichtbildvortrag halten
im illustren Publikum
gehen seine Fotos rum
und in einem Bildband kann man lesen
wie es war, wo er gewesen.

Keiner

In der Zeitung habe ich gelesen
schon wieder ist ein Mensch gewesen
und zwar eine Persönlichkeit
geachtet und gefürchtet seinerzeit.

Sie hatte starke Ellenbogen
und hat sie häufig ausgezogen
es hieß von ihr, sie könne beißen
das will doch wirklich etwas heißen.

Sie hatte auch ein großes Maul
war dabei fleißig und nicht faul
mit einem Wort: Sie war eben
gut ausgerüstet für das Leben.

Sie hatte keinen leichten Start
doch arbeitete sie sich hart
und kontinuierlich nach oben
die Vorgesetzten konnten sie nur loben.

Bald hatte sie diese unter sich
es war nicht weiter verwunderlich
sie war der erste Hirsch am Platz
und fuhr den größten Untersatz.

Doch lebte sie auch dem Vergnügen
und genoß das Leben in vollen Zügen
sie ließ sich fünfmal trauen
und hatte Kinder von diesen Frauen

und fand noch Zeit für manchen Seitensprung
denn das erhält bekanntlich jung
und sorgte sich, daß ihre Samen
auf viele Nachkommen überkamen

damit das wunderbare Gut
auch in der Zukunft Großes tut.
So stieg sie immer weiter
hinauf auf der Karriereleiter.

Am Ende war die Persönlichkeit in der Tat
siebzehnfacher Vater und elffacher Aufsichtsrat.
Bei Gott, was war er doch für einer
und nun ist er keiner.

Zwiesprache mit dem Herrn

Wenn ich dem Herrn dereinst begegne
ich wünschte sehr, daß er mich segne
denn eines war mir immer klar
so vieles, was er sprach, ist wahr.

So wenn er sagte: Der werfe den ersten Stein
wer von sich glaubt, ohne Sünde zu sein.
Vergib mir Herr, die Widerworte
begegnen wir uns einst an der Himmelspforte.

Ich will zwei deiner Geschichten
in meinem Sinne mal umdichten
die vom barmherzigen Samariter ist bekannt
es lag des Nachts am Straßenrand

verletzt und frierend eine Gestalt
sie winkte und bat um Halt
ein Priester, ein Levit fuhren weiter
auch andere fanden das gescheiter.

Nur einer hielt an und wurde überfallen
ich frage dich: Wer war der Nächste von allen?
Verzeih, Herr, es ist nun mal so
der Barmherzige lebt mit Risiko.

Auch von der Geschichte vom verlorenen Sohn
habe ich eine andere Version.
Du bist zwar viel herumgekommen
doch hast du niemanden aufgenommen

du bist gestorben schon mit zirka 30 Jahren
und warest noch recht unerfahren
und redest vom verlorenen Sohn
als wärest du längst Vater schon.

Der Sohn bracht ihn fast um Vermögen und Ver-
stand
und ist verschwunden außer Land
und hat sich jahrelang herumgetrieben
mit Huren, Hehlern, Räubern, Dieben.

Doch schließlich geriet er in große Not
da kam ihm die Erinnerung ans vierte Gebot
und er kehrte wieder zu Hause ein
und sagte: Ich bin nicht wert, dein Sohn zu sein.

Der Vater fällt ihm um den Hals
und vergießt viel Tränenschmalz
und veranstaltet ein Riesenfest
und nimmt ihn wieder auf, daheim ins Nest.

Der andere, gute Sohn hats nicht verstanden
vielleicht kommt der ihm jetzt abhanden.
Der Vater sollte einfach sagen: Ich kann dir wohl
vergeben
doch fürcht ich mich, mit dir zu leben.

Bei Gott, du hast Meriten dir erworben
bekanntlich bist du ja für uns gestorben
und wiesest uns den Weg zum ewgen Leben
ich hoffe doch, es wird ihn wirklich geben.

Von deinem Tode redet alle Welt
man hat dein Kreuz auf jedes Feld gestellt
doch was ist mit denen, die man sah
einhundert Jahre vor dir gekreuzigt an der Via
Appia.*

Es waren sechstausend an der Zahl
wer sprach denn je von ihrer Qual
sie haben auch ihr Leben hingegeben
zwar nicht fürs ewige, nur fürs Leben.

Wenn ich dem Herrn dereinst begegne
ich wünschte sehr, daß er mich segne
denn eines war mir immer klar,
so vieles, was er sprach, ist wahr.

Was hülfe es, wenn man die ganze Welt gewönne
da es ja doch zu nichts zerrönne
wenn man das wahre Ziel verfehle
und hätte Schaden genommen an seiner Seele.

Vergib mir Herr die Widerworte
begegnen wir uns einst an der Himmelspforte.

* Gekreuzigte Sklaven nach dem Aufstand des Spartakus
73–71 v. Chr.

Heimsuchung

In einem Haus, das auf dem Berge thronte
ein altes Paar in seinen Ferien wohnte
der Herrgott kam sie oft besuchen
sie plauderten bei Kaffee und bei Kuchen

und sahen frohgemut und munter
aufs Land und auf das Meer hinunter
der Herr war selbst von seiner Schöpfung angetan
was sie an seiner Mine sahen.

Es kam der Tag, an dem sie Abschied nahmen
und freuten sich des Tags, an dem sie wiederkamen
und sie verschlossen Tür und Tor
und legten selbst das Kreuz des Herrn davor.

Doch als der Tag der Rückkehr war gekommen
da hatten Diebe die bescheidne Habe mitgenom-
men
sogar die Fenster und die Türen
sie konnten jeden Windhauch spüren.

Ich will ihn fragen, warum er ließ
das Lumpenpack ins Paradies
wenn wir bei Kaffee und bei Kuchen
mein Gott, du wirst sie doch verfluchen.

Man läßt doch Menschen auch verweisen
die ungeniert in eine Kirche scheißen.

Zweifel an der Allmacht Gottes

Eine Frage läßt mich nicht in Ruh
das unverschuldete Leiden ließest Du nicht zu
Du bist der Erhabene, Große, Prächtige
doch bist Du wirklich der Allmächtige?

Darum, wollt meine Asche nicht in eine Urne tun
laßt meine Knochen in der Erde ruhn
vielleicht läßt Du sie auferstehn, gibst Deinen Hauch
doch wäre ich aus Asche, könntest Du es auch?

P.S.

Legt meine alten Knochen nicht zu andern
wenn wir einst auferstehn und wandern
umeinander und sehn uns wieder
und an uns schlottern fremde Glieder?

P.S.

Was maße ich mir an
was bin ich selbstverliebt
der nicht einmal wissen kann
ob es Dich gibt.

Entschuldige mich
Du bist erhaben und so groß
und unsere Vorstellungen und Bilder bloß
grotesk und lächerlich.

Und auf den Straßen

Und auf den Straßen gehen schöne neue Frauen
ich ging gern hin sie anzuschauen
bei Gott, ich würde gerne manches wissen
und werde vieles sehr vermissen.

Wie hat mein Fußballclub gespielt?
Wie hat ein Ding sich angefühlt?
Denn diese Hand, die bald aus Staub
berührte etwas – mit Verlaub.

Lebt denn Camilla noch und ihr Gemahl?
Wer wurde Kanzler nach der Wahl?
Oder wurd es eine Kanzlerin?
Die letzte, ging sie auch dahin?

Was mir aufs Äußerste mißfällt
es gibt keine Nachricht von der Welt.
Wie ist das Wetter auf der Erden?
Soll es endlich besser werden?

Und welche Jahreszeit ist jetzt?
Wie war der Sommer denn zuletzt?
Kann sein, daß es gerade schneit
die Obdachlosen tun mir leid.

Schon wieder ist ein Mensch erfroren.
Im Kreißsaal wird ein Kind geboren.
Die Eltern beide sind beglückt
weil es das Licht der Welt erblickt

die Finsternis könnt man auch sagen
bedenket man die Dunkelheit von vielen Tagen.
Welch Unglück ist heut noch geschehen?
Ich würd es gern im Fernsehen sehen.

Und auf den Straßen gehen schöne neue Frauen
ich wär gern dort sie anzuschauen.
Bei Gott, ich werde vieles sehr vermissen
und würde gerne manches wissen.